¡Nuestra maravillosa Tierra!

# LAGOS

Tanner Billings
Traducido por Diana Osorio

Gareth Stevens
PUBLISHING

**Please visit our website, www.garethstevens.com.**
**For a free color catalog of all our high-quality books, call toll free 1-800-542-2595 or fax 1-877-542-2596.**

**Library of Congress Cataloging-in-Publication Data**
Names: Billings, Tanner, author.
Title: Lagos / Tanner Billings.
Description: New York : Gareth Stevens Publishing, 2023. | Series: ¡Nuestra maravillosa Tierra! | Includes index.
Identifiers: LCCN 2021043387 | ISBN 9781538275924 (set) | ISBN 9781538275931 (library binding) | ISBN 9781538275917 (paperback) | ISBN 9781538275948 (ebook)
Subjects: LCSH: Lakes–Juvenile literature. | Lake ecology–Juvenile literature.
Classification: LCC GB1603.8 .B55 2023 | DDC 551.48/2–dc23/eng/20211008
LC record available at https://lccn.loc.gov/2021043387

First Edition

Published in 2023 by
**Gareth Stevens Publishing**
29 East 21st Street
New York, NY 10010

Copyright © 2023 Gareth Stevens Publishing

Translator: Diana Osorio
Editor, Spanish: Diana Osorio
Editor, English: Kate Mikoley
Designer: Tanya Dellaccio

Photo credits: Cover Yevhenii Chulovskyi/Shutterstock.com; p. 5 Alicia Garcia Benito/Shutterstock.com; p. 7 Craig Sterken/Shutterstock.com; p. 9 Sergey Novikov/Shutterstock.com; p. 11 bikemp/Shutterstock.com; p. 13 John Brueske/Shutterstock.com; p. 15 Parichat Snguanwongwan/Shutterstock.com; p. 17 Katvic/Shutterstock.com; p. 19 Spiroview Inc/Shutterstock.com; p. 21 Suzanne Tucker/Shutterstock.com; p. 23 Zivica Kerkez/Shutterstock.com.

All rights reserved. No part of this book may be reproduced in any form without permission in writing from the publisher, except by a reviewer.

Printed in the United States of America

CPSIA compliance information: Batch #CSGS23: For further information contact Gareth Stevens, New York, New York at 1-800-542-2595.

Find us on

# Contenido

Un lago es una gran masa de agua. Tiene tierra a su alrededor.

La mayoría son de agua dulce. Esto significa que no tienen sal.

Algunos lagos tienen sal.
Hay uno en Utah.

Los ríos van a dar
a los lagos.

Algunos lagos están hechos de hielo.

Parte del agua de
los lagos proviene
de la lluvia.
Otra proviene del suelo.

Los lagos pueden
ser profundos.
Rusia tiene
el más profundo.

América del Norte tiene los Grandes Lagos. Hay cinco.

Puedes nadar en un lago. También puedes pasear en bote.

¡Vayamos a un lago!

# Palabras que debes aprender

río

agua

# Índice